U0068030

不一樣的日本

——明士心、和葉、李維 合著

ようこそ～！

天空數位圖書出版
Family Sky

目錄

相片集錦

（公司提供的宿舍外觀）

（公司提供的宿舍內部1）

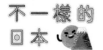

（公司提供的宿舍內部 2）

（公司提供的宿舍內部 3）

（京都鐵路博物館 1）

（京都鐵路博物館 2）

（初次成功日本租屋的套房布置）

（從房間外看到的雪景）

（出租房）

（日本便利店）

（今治看足球經驗）

（日本同事邀請的家庭聚會）

（明治大學博物館 1）

（明治大學博物館 2）

（直昇機旅程）

（空中看東京）

（神戶協奏曲 1）

（神戶協奏曲 2）

（神戶協奏曲 3）

（日本傳統女服）

日本辦公室文化

文：和葉

　　從小就在哈日的八十年代裡看過許多的日劇，每當看到戲劇裡的辦公室霸凌或是祕密的社內戀愛時，總會想著日本真的是這樣嗎？

　　之後有幸得到日本的工作機會，帶著既緊張又憧憬的心情前往日本，爾後三年多的日子經歷了兩個職場，才能夠體會日劇其實很真實，只是用誇大的戲劇手法讓它多了歡笑，真實的日本職場比起日劇來的嚴謹許多。

打招呼是必備要件，人際關係最重要

　　看過日劇的人都知道，日本人一進辦公室就開始早安問候，進到自己單位時也要大聲跟大家道早，剛開始很不習慣一早就要大聲說話，同事才來告誡說日本人對於早上的精神狀況很重視，有精神的招呼代表一天好的開始。

　　而中午吃飯時間則是日本人的交際時間，老一輩的日本人還是習慣自己帶便當，整個桌上會擺滿各自料理的拿手好菜讓大家一起享用，即使自己已經吃飽或有不愛吃的料理，還是要

禮貌性的吃一些。這時候也會看到許多人互送禮物，或是回禮或是旅遊的伴手禮，因為日本人很重視回禮，收到別人的好處一定要回給對方，無論是物質上的或是身體力行。有位同事因常要求我們幫忙他的工作，隔天便會送來許多物品，因此即使不想幫忙也很難拒絕。

請假要道歉、離職要送禮

日本人很重視出勤狀況，對公司而言，代表是否有責任心和穩定，也是很重要的考績，但人總有狀況不好或有要務的時候，請假完後的出勤日需跟所有同事道歉並陪禮，以表示不好意思讓大家分擔工作的心情。

而在台灣有人離職通常都是報告上司、交接完便擇日離開，若有感情較好的，會再辦場歡送會等。在日本跟公司報告完後，還須跟每一位同事說明離職事宜，並在離職當天準備精美小禮物感謝每位同事這些日子來的照顧，當然也同樣有歡送會的活動。

上班戴面具、閒話不亂說

　　以前常聽說東京人很冷漠，但是各種店家的店員們態度又好的沒話說，這是因為日本人公私分明，上班就是要專業、沉穩的態度，並且不將私人情感帶入工作，即使身體不適或家裡有事都不應該表現出來，對日本人來說那是你的事情，不應該讓我們也知道。所以才有許多人上下班兩張臉。

　　在日本職場尤其不能亂說話，不跟同事抱怨上司、工作或其他人，日本人是很團體意識的民族，若你有跟其他人不同想法時，就會被歸類為異類，無論有再好的工作能力，無法為公司、融入公司，就會被排除掉，即使跟你是朋友的同事也不敢站出來為你說話的，因此，在日本工作就是不表現自己、不表現情緒、不說私事，按照公司的規矩及步調做事。

　　看起來可怕，但終歸是人，其實下班後日本人還是很可愛的，會大聲說話、喝酒吐苦水，只是這社會民族性是如此而已。

14

日本人的説話藝術

文：和葉

大部分人對於日本人的印象多是親切、有禮貌，但是日文學習者或是在日生活、工作的人看法又完全不一樣，總是說他們偽善，老一輩的人會說日本人〝有禮無體〞，意思是表現的樣子很好很禮貌，實則很糟糕。

剛開始到日本工作時因為無法理解日本人說話的建前和本音，吃了很多悶虧，也因此得罪人還不自知，那些恭維跟表面的話在日文中就叫做「建前（たてまえ）」，實話就叫做「本音（ほんね）」。剛認識時絕對是表面話，即使互相聊得很投緣，在離開時跟你說之後再出來吃飯啊！或是之後再聯繫啊！基本上都不用太放在心裡，而且日本人很現實並且公私分明，若你沒有能力無法成為團體中有用的一份子，是很難打入團體圈裡的，即使工作上關係在緊密，也未必能成為真心的朋友。這在日本的演藝圈裡便很明顯地體現出來，常有雙人歌唱團體已成團 15 年以上仍然沒有一起私下吃過飯或甚至對方結婚生孩子的消息也是從新聞上得知的，這對相對熱情的我們來說簡直難以想像。

　　日本人不喜歡說真話的理由其實有一顆體諒別人的心，因為怕說實話會傷害到對方，也不喜歡受到傷害，像我們台灣人會直接說你長得好小喔，日本人會覺得在嫌棄她矮；或是這裡好臭喔，日本人會覺得不用把負面的詞句說的這麼重，而且剛認識就想加 Line 要電話等，對他們來說也是避之唯恐不及的狀況。

　　另外，日本還有一種酒後吐真言的文化，日文叫做「無礼講（ぶれいこう）」。意思就是在酒宴中，因為大家都喝了酒神智不清，所以可以破除上下關係，就算對上司沒有禮貌大家也都可以原諒。傳統日本人的個性，除非喝了酒，否則每個人都用禮貌跟恭維來包裝自己，平時如非必要絕對不會把自己的真心話說出來。所以也有昨天晚上還跟上司兩人在酒桌上搭肩唱跳，隔天在公司遇到又禮貌而嚴謹的道早安的狀況，非常有趣。

　　在我終於跌跌撞撞的經過一陣子的日本職場生活後，已經學著不將日本人的話放在心裡，保護著自己跟同事們交際時，對方跟我要聯繫

方式說下次一起約出來時，我也是應和著，準備離開時卻又被叫住真的來問我的電話，並且詢問我下次休假的時間，回家後又傳給我餐廳的網址，那瞬間心理暖暖的。之後也能正常地融入並且到各個朋友家裡作客跨年等，即使回台後也會時不時的問候、了解現在的生活狀況，現在也會回想當時有這些日本人，我的日本生活才不至於太無趣。

　　跟日本人溝通不是件容易的事，但正因為很困難所以才有挑戰的價值。與其先入為主地認為日本人就是虛偽、不說真話，不如試著學習傾聽日本人的「說話藝術」，或許還能體驗到和日本人「交心」的瞬間哦。

日本的生活守則

文：和葉

　　每個社會都有自己的禁忌和文化限制。同樣，每個文化都有一些只有當地人才懂得的規則，在成長過程的教育當中逐漸明白與學習，然而不先說明的話，外國人是不會懂的。此外，對外地文化的不了解和不尊重或會產生巨大的文化衝突，在日本生活或旅遊的人還是須了解基本的守則與禮儀，日本人才會真心以禮相待，因此先指出幾個基本的守則。

交通

　　應該很多人都聽說過日本的交通良好，也有人說過即使玩著手機過馬路都很安全，的確是因為日本人對於遵守交通規則很嚴謹，考駕訓班時是需一個月集訓並花費 4、50 萬日幣才能取駕照的，因此在沒有身分證的情況下，駕照便成為日本人的重要身分證明，若申請信用卡等相關證件時，駕照附上去後通過的機率很高。日本的馬路規矩就是行人永遠優先，當綠燈過馬路時，車子都會慢下來甚至停在行人前直到行人離開為止，也不會有躓車、逼車等行

為。學校也會教導小朋友過馬路時要手肘舉起示意司機們慢下來。

另一點很重要但台灣人不太習慣的是搭乘大眾運輸時，不能吃東西並要保持安靜，日本人的規矩的出發點都是以不要影響到他人為由，尤其當早上的電車每個人都昏昏欲睡，卻有人在一旁講電話或聊天時的確蠻惱人的，所以日本的小孩也被教導的挺安靜的。關於吃東西這點，除了怕打擾別人外也避免食物掉落地面等情形，基本上飲料也是不喝的，頂多只喝水。

飲食

吃飯時不要將筷子插在飯碗。這個做法是用在祭祀死人，將插了筷子的飯放在死者的頭旁邊。這一點跟台灣很像。再來就是不要用筷子傳食物。這也是跟葬儀有關。他們會用這個方法來為死者拾骨，將骨頭從一雙筷子傳到另一雙去。若想要分享食物時，請直接夾取對方碗裡的食物(當然是經過對方同意後)。

　　還有切忌全員餐點都上齊後才可以開動。在台灣參加聚會時，餐點先上的人先用餐也無妨。然而，在日本大家注重的是大家的統一性及整體感，因此會習慣等到大家的料理都上了後再同時開動，就連喝酒也不例外，此時如果自己一個人先吃的話反而會被認為是不禮貌的行為呢！

　　再來是壽司應一口吃一個，很多女人吃壽司時可能覺得量太多，然後就會咬開一半，將其餘一半放回碟上。但壽司師傅會認為，咬開一半的食法破壞了其精心製作的壽司，而且咬開時飯和料也會撒出來，盡可能還是一口吃下。最重要的是芥末的沾取法，在台灣都是將芥末到進醬油裡攪拌後沾壽司吃，但是其實日本人是

　　分開沾取的，先將芥末用筷子夾取到生魚片上，在將生魚片沾取醬油一口吃下才是正確吃法，希望大家去日本時也能遵照禮儀、尊重對方，讓日本人感覺到台灣人的善意。

搬家花錢又麻煩！

文：和葉

在國外生活第一難關就是居住的地方，因為不同的居住文化、相關費用的支付、語言的隔閡等，讓許多代辦公司崛起，也讓我們這些新住民省了不少時間。決定到日本工作後，即使已經查了許多資料也諮詢了經驗人士，我還是決定花錢請代辦公司，讓他們幫我找工作和租屋處。

一開始公司安排我和同一批台灣人住在『share house』，韓國也有相同模式的租屋處，即是有個人房間，包含基本家具、冰箱冷氣等，而廚房和廁所則是共用的，這種一卡皮箱便可住進去的房型，這幾年受到許多年輕人或是留學生的歡迎，因為日本租屋基本上不附家具，因此花了錢買家具家電，等離開或歸國時要處理掉又是一大問題，而且一出房門就能跟其他人交流的模式很適合初來乍到的外國人。但是我們住的 share house 其實只是一般的三房兩廳一衛的公寓型日本國民住宅，而且七個女生要共用三個房間和一個廁所，租金卻跟一個人

住的金額一樣，即使知道被騙也只能咬著牙撐下去，因此半年租約一到便立刻搬了出去。

決定搬家後，首先先找想住的區域裡適合的房子，然後找到出租這房子的不動產業者，後來才知道這是錯誤的租房順序，一般日本人，是先到想住的區域內找不動產公司(連鎖的物件較多)告知自己的預算與要求的條件等，讓業者幫忙找出合適的物件再一同前往察看，這中間有任何想協商的條件，如租金、禮金等都由業者跟房東詢問，在日本並不盛行房東與房客直接對話。而我這個外國人在什麼都不了解的情況下走進不動產公司裡，用臨時抱佛腳的幾個租房用語跟業者溝通，現在想來，很感謝那位先生沒有對我表現出不耐煩的態度，耐心的接待我並帶我到處去看房子，我當時開出的條件為:月租五萬日幣內、距離車站走路 10 分鐘、附有家具家電、不用禮金敷金等，其實以千葉縣來說，這樣的條件並不過分，但是日本租房是需要保證人並經過保證公司審查的，保證人即是擔保租屋的人有能力付出租金，若房客有

任何問題，保證人需負責，因此通常為至親之人當保證人居多，而大多數的房東不願意租給不會講日文的外國人，甚至只要是外國人就一律不租，而且日本的租賃契約一般要簽兩年，當時我只剩半年簽證，還不確定是否能繼續留下，因此前面兩間房皆因審查不通過而打水漂。

在租約快到期前一個月時，業者帶我去看了另一間物件，當時是空屋，但是業者告知他們會幫我買進基本的家具家電，但每個月需多加租金 5 千日幣，共 38000 日幣，而保證人部分也能幫我找保證公司處理，只是要給一個月租金當費用，而此物件的審查也較簡單，因為距離車站徒步需 18 分鐘，而且是住宅區的中心，附近徒步 15 分鐘內皆無商店，不算好的物件，但當時我已經沒有選擇了，過了兩周後終於跟房仲簽約，懸著的心也終於放下了，但是簽完約後才是問題的開始。

搬家花錢又麻煩 2

文：和葉

在上一篇談到租屋的過程，再來談搬家的流程與費用，可能有許多人都看過日劇裡搬家的橋段，服務似乎盡善盡美，在我打聽下來的結果也的確是如此，不論是搬家或是送貨、安裝和修繕，日本人最先重視的便是整潔，在進屋前一定先將腳用塑膠布包起來，並在作業物品的附近鋪上保護套或是盡可能將家具遠離，結束作業後也定會將落下的粉塵、垃圾甚至是紙箱等清理完畢才離開。而因為日本人的自用車通常是小車，因此找搬家公司來搬家也成了日本人經常使用的服務。在 2-4 月間是日本搬家旺季，各搬家公司無不使出渾身解數提出更優質的服務來招攬客人，其中最高規格的服務便是由搬家公司從整理、裝箱、搬運、直到家具物品定位都一手包辦，客人只需在事前清楚告知各種物品、傢俱的數量，便可在一旁坐等搬家完成，期間不動一根手指完全是富人服務，而其價格想當然爾 40-50 萬日幣以上。

其餘的搬家方法也有自行租車自行搬運，或是請朋友開車幫忙載送，亦或是學生族群用

貨運寄貨，但是收到物品的時間不定不太方便。若像我這種單身族沒餘錢也沒人脈的，可選擇小型搬家公司，自行整理裝箱，搬家公司只負責裝進卡車，載到目的地後再將行李搬進新家而已。業者會先就需搬運的物品、房屋樓層(是否有電梯)、舊家到新家距離來估價，當時我才到日本不到半年，只有隨身衣物、少量物品，大型傢俱只一套床墊組和一台腳踏車，而到新家的距離也只有開車 10 分鐘的路程，便已經估價 5 萬日圓了。

聯絡好搬家公司、確定新家入住日期，便開始整理物品，而在日本垃圾分類的規則嚴格是眾所皆知的，不同類別的物品分成不同日子處理，早半天丟都不可以，大型物品要丟棄更是麻煩，須先電話告知區公所衛生科有什麼種類的物品要丟棄，對方會告知費用和丟棄時間地點，之後便到超商去購買對應的垃圾標籤，貼在要丟的物品上，並在指定的時間(通常是清晨)指定的地點等回收車來取走，若是金額標籤

不對，此物品會永遠留在當地不會被收走，也可能會被檢舉，所以住日本一定要守法。

前項流程皆已完成後便順利入住新家啦，當然，日本的規矩還沒完，整頓好新家後，需準備些點心小禮物跟鄰居拜訪，告知已搬進此物件，一來是讓鄰居認識並確認旁邊的房間已入住，二來便是了解此物件或社區的相關規定有哪些，例如丟垃圾的時間、洗衣服的時間等，畢竟每個人都不希望自己的居住品質被打壞，若是跟鄰里關係較密切，還能在不在時幫你收包裹、互送食物等。

雖然很多人覺得這些規矩綁手綁腳的，我認為對於治安確實有很大的幫助。

日本交友與戀愛的法則１

文：和葉

　　許多人看完日劇後，可能會有很多幻想，想像到了新公司每個 OL 都打扮得光鮮亮麗，中午帶你吃咖啡廳精緻簡餐，晚上去高級餐廳聯誼，還會有個斯文帥氣又能幹的前輩幫你擋下上司的騷擾等，或者是聽聞日本較大男人主義，男人說話女人不能插嘴、還要跪迎先生回家諸如此類的既定印象，由我自己本身的經驗來看，日本交朋友沒有那麼簡單，但也沒有日劇來的黑暗。

　　剛到新環境時都會要求自我介紹，這時的說話內容和方式很重要，日本人很怕過於個性化、說話強勢又大聲的人，那會讓他們覺得此人很有想法，不好相處。在日本極度重視團體合作的社會裡，想法和表達過於唱反調的人絕對不會受歡迎的。剛開始交流用禮貌、溫和的方式稍作介紹，再來就是"看臉色"，聊天交流的過程盡量避免有爭議的話題，如政治、宗教等，若不可避免的聊到了，盡量保持中立，觀察其他人的表情再決定話題的方向。日本人本身就是這樣觀察空氣、氛圍的高手，及時侃

侃而談自己的論點，只要一發現身旁的人稍加皺起眉頭，立刻話鋒一轉改變立場，雖然看在我們眼裡活得很累但也是他們的民族性，不要試圖改變別人的生活方式，試著融入了解才是。

　　所以跟日本人相處時自然就不能說太多真心話或對事物的真實想法，所以日本常有從小認識的閨密或是認識多年的好兄弟，卻不知道對方目前的近況，有沒有交男女朋友等，甚至可能連對方喜歡的食物是什麼都不知道。像我這種直來直往的性格到日本簡直要嚇壞對方，真實的跟對方談心事，毫不掩飾地大哭大笑的，讓日本朋友總是不時地提醒我不要在其他人面前這樣說話。跟日本人聯繫方式也不宜直接打電話，應該先用訊息或是 line 傳訊開始，而且雖然對方是朋友也需要分年齡輩份，剛認識時一律用敬語較禮貌，熟了之後看輩份，一起出遊後也要記得回覆今天的心情，文字不能過於冗長也不能太短沒誠意，而在文字上日本人喜愛用" 繪文字"，相當於現在的貼圖，再什麼文字後面該放哪個繪文字都是學問，連電視節

目都特別請人來講解，可見日本人對於這細節看的多重要。

　　日本人會對陌生人有種天然的距離感，哪怕雙方都是日本人也不例外。

　　如果你是外國人的話，這種距離感會更明顯。他們心裡一般會想：「反正過幾年這個外國人就回國了，總之客套客套就行了」。這種距離感並不是物理上設置障礙似的距離感，而是設置語言障礙，日語中被稱為"敷居が高い"。意思就是一直對你使用過分的禮貌，有意的用禮貌去和你生疏。比如日本人說「下回請客吃飯」、「下回再見面」、「下回我們一起出去玩兒」等等，你千萬別當真，十有八九都是客套話。如果真的有下回，直接邀請你去聚會或者玩耍，做出了行動，這才算是你跨過了語言門檻被納入了小團體之中。

日本超市買食材

文：和葉

　　在國外生活不外乎就是省錢，而最重要的「吃」要如何省錢在日本是門學問，日本食物的物價的差距是 100 日幣也能吃一餐，或是 1500 日幣才吃一餐，因此食衣住行的「食」是日本生活裡最能省錢的一環，也因此有許多的綜藝節目都在介紹如何用最少的錢吃三餐，像是有名的"黃金傳說"便有讓藝人比賽用一萬日幣過一個月的單元，當時節目收視率之高相當受家庭主婦的喜愛。

　　而吃飯要省錢當然是自行開伙最省，而日本以超市為主，像台灣的菜市場類的則較少見，再來則是購物中心附設的大型超市，通常會比較貴，但可以買到較高等的食材，最後則是業務超市「業務スーパー」，顧名思義適用於店家大量購買，但是一般民眾也可進去採買，裡面的食材應有盡有不到百元日幣就可以解決一餐。其實就有點像小型的台灣大賣場，賣的東西都非常便宜，份量也是非常十足，一般超市看不到的超大尺寸商品 (超大尺寸飲料、醬料等)，這裡都買得到，但他有些商品也有小包裝，像

是烏龍麵、義大利麵醬、咖哩即食包等都很適合一個人或者小家庭購買。在業務超市唯一買不到的就是新鮮的蔬果類，但是其他食材應有盡有。新鮮蔬果業務超市雖然沒有，但是冷凍蔬菜對於想要保存期限長一點的人來說，是非常方便的。

而一般超市則是我在日本時，每天除了公司以外最常去的地方，我的住處附近沒有過多的餐廳可選擇，超市的便當不便宜，而且青菜較少吃久了對身體也不好。日本超市雖不如菜市場的東西新鮮，但是仍然有正在吐沙的蛤蠣、才從市集送過來的鮮魚等可選購，也有各產地直送的蔬果，選擇性很高。

日本超市有許多現做便當、炸物、小菜等，依店家一天內會製作 2-3 次不等，新鮮不隨著時間增加而遞減，因此在每天晚上，超市都會將生鮮熟食降價出售，讓所有產品銷售完畢。通常超市會有兩次降價時間，第一次在下午 6~7 點左右，第二次是晚上 8~9 點左右(依照各超市的營業時間而定)。有些超市是直接下殺

半價,有些超市則是分段式降價,第一次先 9~7
折左右,第二次才半價。我下班時基本是晚上
七點,超市八點半關門,因此通常都能拿到半
價出售的商品,較受歡迎的商品如生魚片等,
都會有婆婆媽媽們在區域附近徘徊等店員貼上
半折的貼紙時立刻取走,因此若太大意,繞去
其他地方再回來恐怕已被人捷足先登了。

　　日本還有較人性化的一點是超市都會推出
單人份包裝,如半顆生菜、切片蔬菜、小份肉
類等,日本一個人住的比例相當高,對我這種
在外工作的單身女性

　　真的是一大幫助。而日本超市眾多,除了
店舖數多的連鎖品牌,還有個數的地方超市,
每家便宜的、特價的都不盡相同,而拿著傳單
做比價也是一大樂趣。

重視節日的日本人

文：和葉

　　不管哪個國家都有許多節慶，有些是多個國家的共同節日，如聖誕節、新年、情人節等，雖然是某個國家的歷史起源，仍為多國所崇尚，而其他則多為自己國家的節慶，但是多年來許多人已經忘記節日的由來，只當作是能放假的好事。

　　日本的慶典尤其多，不論是外國傳入的還是本國建立的，都還是非常重視。

　　每年 3 月 3 日是女兒節，如果家中有女孩，日本家庭都會慶祝，一起祈禱家中女孩的健康。從立春後，便可以把女兒節娃娃拿出來擺放，女兒節娃娃有代替家中女孩忍受病痛及穢氣的意思，娃娃有天皇、皇后、宮女等不同角色，還有各種嫁妝用的家具，整齊排列 3 層、5 層或 7 層，再以酒、和菓子等供奉。娃娃擺到女兒節隔天就要收起來，有傳聞如果收得太晚，女孩子長大了可是會遲遲嫁不出喔！也因此許多捨不得女兒太早嫁出去的爸爸，便會故意晚收或甚至不收，因為娃娃擺飾也是挺漂亮的。

　　而有女兒節，當然也有男兒節。日本的男兒節其實最早是源自中國的端午節，逐漸演變成今天的兒童節，成為希望男孩健康成長的節日。在這天，日本家庭會在屋頂掛上鯉魚旗，祈求男孩長大後會像鯉躍龍門一樣得到成功，遇上逆境也能奮勇向上。鯉魚旗隨風飄揚，成為日本特別的風景。這兩個節日在漫畫和動畫裡也常會看到。

　　再來便是＂土用丑之日＂，土用丑之日其實是指一年當中最熱的一天，通常在 7 月 19 日-8 月 7 日之間。而日本人有夏天吃鰻魚的習俗，認為鰻魚有營養又補精力，可以補充在汗流浹背的夏天所流失的體力。因平時鰻魚便是較為高價的食材，只有在當天，超市及餐廳都會出各式鰻魚的平價商品，讓一般民眾也可趁機吃吃美味的鰻魚。在日本的鰻魚名店裡都會直接公開處理鰻魚的過程，意在新鮮、特殊，但是場面略微血腥，因此對見血較為敏感的人還是不要因為一時新鮮而去觀看較好。

　　比較特別的是節分，此為指季節的分際，即立春、立夏、立秋、立冬的前一天，但於現在的日本，主要是指立春的前一天。因為按日曆的推移，所以每年的日期會不同，但主要落在 2 月初。在當天，日本人會進行撒豆儀式，在家中一邊撒大豆，一邊喊鬼向外、福向內，撒完再吃下和自己歲數相同的豆子，保佑自己不會生病。如果是有小孩的家庭，父母或家人便會戴上惡鬼的面具，讓小孩撒豆驅鬼，十分熱鬧。

　　撒過豆子後，還要吃惠方卷祈福。惠方卷就是長長的壽司手卷，包含代表七福神的 7 種食材。吃的時候要先找出該年福德的神明方位，然後向著該方向把手卷吃完，中途不能斷，吃的時候可以心裡想著願望，吃完就能得到好運了！

祭典裡絢爛的花火

文：和葉

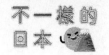

　　日本除了國定節日多又特別外也有為人所稱讚的世界知名祭典，有些祭典的歷史甚至已經超過 100 年了。說到日本祭典，多數的人就會想到是在夏季。

　　的確一到了夏季，便會開始收到邀約去各地的祭典和廟會，如果運氣好的話在祭典結束時還可以看到煙火，煙火可是對日本人來說是一種「夏季的風物語」，意思是說這是夏天最具代表性的東西。

　　日劇裡無論是穿著浴衣和朋友或男朋友去逛廟會或是在自家天台上拿著啤酒看著煙火都別有一番風味。到日本那幾年不免俗也參與了幾次，對台灣人來說祭典或廟會的形式其實不陌生，就像是逛夜市一樣，有各式小吃、清涼小遊戲如：撈金魚、空氣槍等，真正特別的是在那炎夏的夜晚、穿著可愛或者典雅的浴衣和身邊的人觀賞著美麗的花火，那份氛圍才是我們所追求的。

若要參加最具夏日風情的活動，便是東京三大花火大會之一、規模最大、人氣最高的隅田川花火大會，是不少人的首選。往年皆在每年 7 月最後一個星期六舉辦，因當時居住在關東區便不免俗的前往參加，雖然一夥人已在當天中午便已抵達隅田川，仍然慢了一步，整個隅田川的河川邊皆已被佔滿了，整個地區也都圍起來交通管制，人潮之多難以想像，好不容易找到空位，而後才知道根本不是看煙火的好位置，果然沒有在地人的經驗是不行的。即使只能看到一角還是能感受那壯大的煙火在空中升起時，閃耀了整個隅田川。

　　再來就是在足立區的河岸旁舉辦的「足立花火大會」，便是已超過 100 年歷史的。通常這場煙火大會在 7 月下旬舉行，也是東京都內最早舉辦的煙火大會。足立的煙火會在一小時內施放 13,000 發煙火，可以說是一場較為緊湊且長的花火大會，也是近年來東京花火大會排行榜的人氣第一名！當時因路途過長，沒能

成功走到河岸旁煙火便開始放出，因此最後是在路邊看著朋友錄下來的影片欣賞這次的花火。

　　某一年，一位較為熟悉的日本同事邀請我去他家，因為在他住家附近有一場地區性的煙火大會會舉辦，而他家的後院堪稱頭等席，沒有遮蔽物能清楚又舒服地觀看煙火。因當天是休假便下午就跟她會合，先到祭典的現場逛逛廟會，然後就回到住家裡，當天對方也請了幾位親朋好友，準備了一桌的自己做的食物，酒當然也是不可少的。雖然跟幾位人員一開始不認識，但透過酒食也逐漸聊了起來、甚至相談甚歡，並在微醺的狀態下觀看了那幾年在日本裡看到的最清晰最美的煙火，直到這些年都還是回憶著那天的一切，這大概也是大家熱愛花火節的原因吧！

除了留學外能短暫居日的方法–WH

文：和葉

在早期想要到國外久居,不外乎幾種方法,留學、工作、移民等,而這幾種方法又特別需要財富的支持或是超高學歷的加成,因此沒有有錢爸媽又不是天才的一般人想出國的方法就只有 Working-Holiday,簡稱 WH,又稱打工度假簽證,是一種居留許可證,允許旅行者用於補足其旅行資金的目的可受雇於簽證頒發國,使 18-31 歲的年輕人透過在國外打工之餘,能夠有機會體驗當地的生活和文化。這種簽證的最初參與國包括日本、澳大利亞、紐西蘭、和加拿大。開始的時間已不可考。

我在大學時期得知了此新型簽證,當時的我正為了想去日本卻不知何種方法而苦惱。當時台灣已有一些前往澳洲和紐西蘭的人的經歷傳回來讓我非常嚮往,但是還未畢業也沒存款的狀態只能將此埋在心裡,又擔心此簽證是個有限定期間的活動,指不定什麼時候便會結束。

開始工作的第二年後便著手準備申請的文件,其中「理由書」和「計劃書」為兩大難題,「理由書」顧名思義是想去日本 WH 的理由,而「計劃書」則是在日一年的計劃流程,當時

坊間已有許多代辦業者舉辦的申請簽證說明會，都耳提面命的告知絕對不要提到任何要在日本努力工作的跡象，因此簽證的真實目的是希望增加人力勞動並遊玩增加經濟消費，因此申請書的良好範本以熱愛日本文化又有錢的台灣人想前去體驗日本為主要寫法。可能本身運氣不好，總共申請了五次都落榜，而落榜的原因移民署也不會告知，只能每半年重寫申請書並前往台北的移民署遞交，直到第六次申請的那一年增加了通過的人數，這才順利的上榜。

　　確認得到簽證的資格後，立即就找了較為信任的代辦幫忙處理初期的日本生活，包括租屋、找工作、手機申請、銀行戶口申請等，兩個月後便帶上所有積蓄前往心心念念的日本。當時跟同行的六位女生同住在一間樓中樓的出租公寓裡，並且在距離租屋處不遠的工廠裡當產線員工，此工廠是日本大型連鎖超商的供應食品工廠，由於是會觸碰到食物的，因此規矩非常嚴苛，也因為我們是這間公司的第一批雇用 WH 的台灣員工，七位女生加上五位男生共 11 人。因此日本公司非常注重這次的合作，即使已到了日本還是進行了簡單的面試、工作研

習並考試，而後才依能力分組別工作，我因為日文能力較好一開始就被分配到需日文溝通對應的製造部門，不同於其他不會日文的同事在產線部門工作的輕鬆，不熟悉的用語和繁重又長的工作環境，讓我吃盡了苦頭，甚至一度想放棄回台，但還是咬牙苦撐了下去。

爾後工作慢慢上手，日文也更加進步，開始有餘力和日本人建立關係。半年後，我搬出sharehouse 開始自己住，在簽證快到期前得到了工廠的翻譯內定工作並取得正式的工作簽證、因為此工廠雇用外籍員工的成績良好，又被引薦到另一個大廠去帶領台灣員工。

雖然後來因為生涯規劃，我放棄了日本的工作回台，卻是一生的回憶，雖然過程波折不斷，從一開始申請簽證時，身旁親友的不看好，甚至預告不用一年我就會跑回台灣，才因此刺激我無論如何都要走下去，走到最後回頭看前路，不知道已經走了這麼遠，雖然很多人說 WH是浪費一年的時間遊玩，但是只要你願意努力，一定能夠在這一年內成就許多經驗和回憶。

人生首次踏足日本

文：明士心

　　每逢人生第一次，總是銘記在心，無法忘懷，第一次拔牙、第一天上大學、第一份工作、第一次戀愛，而筆者與日本的第一次「邂逅」就發生在 1996 年。

　　很多人第一次到訪日本，通常是旅遊，而我的第一次就是出差。1996 年，我還在進出口公司任職，主要做中國木製品貿易，日本是重要的出口地。該次因為陰差陽錯，從中國出口到日本的產品出現問題，受到日本客戶投訴，遂被老闆「欽點」與經理雙雙飛到日本處理業務。

　　與大部份人初到日本的城市不同，我要去的不是東京、大阪或京都，而是九州北部的福岡。1996 年 8 月，筆者為了處理九州的客人而專程飛到當地進行面談，除了福岡外，還要到宮崎、大分等地。在我眼中，大和民族是禮儀之邦，即便是我們被投訴，他們依然到機場接我們到飯店。

不過，事過境遷，今天對當年入住哪一家飯店，印象不深，唯一記得的是非一般對外國客的觀光飯店，客人幾乎都是日本當地人，如非由日本客人協助預訂，恐怕我們是不懂得這些具有本土氣息的日式飯店。

日式飯店最大特色是，由指示牌到餐牌清一色用日文寫成，客房雖小，但在那年頭卻是十分先進。洗手間與淋浴間分開，乾淨衛生，而馬桶在沖廁時，洗手盆還會自動送水，對初到日本的筆者而言，實在大開眼界。再說，洗手間的照明系統也是自動感應，在二十多年絕對屬於「新潮玩意」，更是筆者人生第一次親眼目睹的「高科技」產品。

第二天早餐，我們在飯店的餐廳用膳，房間包含一份早餐便當。由於日本人傳統早餐是吃白飯的，對於在香港及台灣生活過的我，通常吃特餐、常餐，哪會想像到世界上居然有人把米飯當成早餐，感覺新奇，自問當時也吃得不太習慣。

　　吃過早餐，我們馬上起程前往客人公司，畢竟這才是此行的主要目的。不得不說，甫踏進人家的辦公室，內心既驚且喜，有點鄉巴佬出城的感覺，除了要脫鞋進內，辦公室內十多名員工，竟然同時向我們起立躬，嘩，受之有愧！筆者不過是初生茅廬的打工族，怎會想到有十多人向自己行禮，難免有點不好意思，受寵若驚。

　　除了到公司開會，我們此行還要到他們的工廠參觀，福岡是他們的主要基地，而工廠位於較偏僻的地方，其中一間工廠設於別府。現在，不少遊客愛到別府泡溫泉，吃別府拉麵，但自己生平第一次到別府，卻是參觀人家的工廠。

　　那時候，香港及台灣的工廠已經看過不少，中國大陸的工廠髒亂不堪，但日本人的工廠就具別味道，既寧靜，又整潔，而且生產幾乎完全自動化，工人數量不多。印象中，此行參觀的幾家工廠，整廠的人數都不超過十人。

最令人瞠目結舌是，在中港所看到的堆高機都十分嘈吵，但在日本的堆高機卻幾乎『零』聲音，或許那時候人家已經使用電力發動，總之又是一句——腦洞大開！

　　轉到大分時，客人還邀請我們到他們的住所作客，畢竟都是老闆級別，他的住宅稱得上碩大無朋，可媲美香港的超級豪宅。而且，傳統日式建築風格的安樂窩，還有後花園，小橋流水，特別溫馨，儼如日劇看到的大宅，真想將來也有一所這種 dream house。

日本超商的一番美味

文：明士心

　　對於不少人來說，喜歡去日本的其中一個原因是可以吃很多只有日本才吃到的美食，壽司、拉麵、御飯團、各式各樣的精美甜點等等，當然這些東西也許在自己的國家也可以吃，但是在日本吃在地的總是感覺完全不同。只是對於我而言，其中一種在日本必須要吃的美食就在垂手可得的超商內，而且價廉物美讓人愛不釋手。

　　或許讀者會認為我也許是瘋了，明擺著有這麼多好的餐廳和店，為什麼要把面積有限的胃「浪費」在超商的平民食物上呢？所謂職業無分貴賤，食物也一樣，只要是好吃的，無論是來自高級名店還是街頭小吃都不應該錯過。好了說了這麼久都還沒講是什麼，我想說的是日本超商都會販賣的炸雞（唐揚げ）。沒錯，超商在東亞國家是非常普遍到處都有的店，不過看起來只有日本的店才會販賣熱呼呼的炸雞，逛街的時候走累了肚子有點餓了，只要走進超商就可以買到吃到，而且價錢只需要 200 日元左右，實在是非常道地的美食。

一般來說，在日本三大連鎖超商小七、全家和 LAWSON 都能買到炸雞，不過炸雞也有分為兩大類，我比較喜歡吃的是「真正」的雞塊，雖然不是現炸的，不過由於保溫工夫到位，所以無論是什麼時候買的炸雞塊都充滿咬勁，而且皮也是脆的。還有更厲害的是除了原味，還有辣味和芝司味可供選擇，加上份量是剛好是每件一口吃完，一份是 6 件左右，吃完也不會對胃部有太多負擔，仍然有足夠空間吃其他美食。如果是在寒冷天氣下吃就更爽，再配合啤酒或罐裝熱飲簡直就是最高享受。

　　至於另一類超商炸雞就是類似麥當勞「麥雞塊」，用雞肉碎合成的雞塊。當然不少人會喜歡，只是我因為一些往事而對「麥克雞塊」興趣不大而已。記得有一次我剛到東京的時候想要吃超商炸雞，所以特地到飯店附近的超商去買，可是或許由於當時已經很晚，所以逛了幾所超商都沒有，最後在唯一一所有賣的買來吃，卻因為包裝是密封的，買回去才知道是「麥雞塊」，令我相當失望，所以翌日便立即再去其他

超商買來「真正」的炸雞塊「補元」。各位下一次去日本，不妨留些胃部空間嘗試一下超商炸雞吧！

日本傳統女服

文：明士心

　　日本，一個美不勝收的國度，無論任何人到過當地，都會覺得甚麼都很美，風景美、食物美、建築美、衣服美，人也美。日本女生是無數男人的幻想對象，一生人把一次日本妹子，足以成為人生勝利組，哪怕只是約會一次，也能「死而無憾」。

　　在各種美麗之中，我認為日本傳統女裝是最美的，沒有之一，當女性穿上了和服，總會散發出一種引人入勝的魅力，難以用筆墨形容。我們不是住在日本，平日大都只能在電視電影看到日本和服，如果有日劇女藝人穿上和服，觀眾印象也會自動加分，由年輕時看到的南野陽子、齊藤由貴，至近來的北川景子、新桓結衣，每一位都散發出日本的一股華麗及高貴氣息。

　　日本是一個兼容並蓄的國度，既有先進的科技，亦能捍衛傳統文化，不少遊客會穿上和服觀光，感受入鄉隨俗。事實上，不少日本時代女性今時今日，仍會在特別節日及慶典穿上和服。

在夏天，很多女生會穿上浴衣（ゆかた），樣式接近傳統和服，以棉質製成，彩色繽紛、清涼透風。除了在溫泉飯店泡溫泉外，在各地的祭典節日，街頭隨處可見穿上浴衣的日本女生，遊客自然不會害羞，一起樂在其中。

　和服之美，男男女女也無法抵擋，遊客們到日本都愛穿起來打卡，特別是在京都，穿和服遊覽每個景點，有種特別的思古幽情。當你在日本旅行，看到和服美女也可能是外國人啊！雖說男生穿和服也不失古雅，但比較之下，始終遜於女裝的優雅。

　和服款式極多，要配合時令與場合，婚、宴、喪、禮、春、夏、秋、冬各不相同，幾乎所有女性，不論年齡、身型，在和服加持後都會自動升級，由好看變成「特別好看」。

　「特別好看」的首先條件必定是美女，五觀標緻，個子不能太高、不能太矮，身型適中。如果添上一點東洋味道，加上乖巧的化粧及髮型，再穿起和服，緩緩走在日本古蹟街上，配

上一把日本雨傘，那種美就是只應天上有，相信每個男人都會被迷倒！

　　或許，今日的年輕人不懂欣賞和服女生的美，只會盯著甚麼「絕對領域」來看（迷你裙與長襪之間露出的一截）。其實，日本不少的觀光點，遊客們穿上和服後都別有一番滋味，不相信嗎？下次走在這些遊客區，不妨細心留意一下啊！

戀木神社愛情運上升！

文：明士心

　　如果戀愛不順利，不少人都想求神拜佛保佑。我身邊有位朋友特別喜歡日本神社，在他的介紹之下，得悉日本有一間出名的神社叫戀木神社，可以讓愛情運上升，讓我很想快點通關，可以到日本九州去探究一下。

　　戀木神社，位於九州地區福岡縣筑後市，是水田天滿宮的一部份。戀木的木可以解為東邊，事緣日本學問之神菅原道真（對，就是那位火雷天神)晚年被貶官，至太宰府渡過一生，直到臨終都掛念著遠在京城（東方）的妻小。因此，後人為了銘記他這份思念之情，便在水田天滿宮的一角建了一座小神社，正是現在的戀木神社。

　　這座神社建於 1226 年（嘉祿二年），是在建造水田天滿宮當時一同建造，至今已經有795 年歷史。戀木神社主祀「戀命」，即是戀愛之神，這間神社也是日本全國唯一一間專門祈求愛情的神社。

在通往戀木神社的道路上鑲著心型陶板，外界稱之為「戀愛參道」，入口的鳥居到神殿內的花紋樣式同樣是愛心造型，走在路中隨時感受到濃濃愛意。神社內還有「御緣楠」與「夫婦楠」兩棵楠樹，據說在神社顯靈下，兩棵楠樹從原本分開變成合為一體，十分神奇。

這家戀木神社因為成就良緣，以及只為新人舉辦婚禮而聞名。同時，神社在每年 3 月 3 日及 11 月 3 日舉辦良緣成就祭，為信眾特別祈願，吸引不少善男信女到訪，每年造訪人次多達 16 萬人。除了 3 月 3 日及 11 月 3 日的良緣成就祭，7 月 7 日還有戀愛結緣祭，同時每一個月的 5 日、15 日及 25 日都有結緣日，引來一心想求桃花運的男女前來。

自從 2019 年 10 月之後，前往該神社變得方便，可以在西鐵的「八丁牟田車站」及 JR 的「羽犬塚車站」搭乘西鐵巴士，直接在水田天滿宮前下車。如果想求得一段美好姻緣，就要到九州遊玩，為自己的運勢加分。神社內的護身符及御守各式其式，包括貝御守（600 日元）、

戀愛結緣符(600日元)、戀愛御守(600日元)、心型水晶符(600日元)、戀木御守(700日元)、繪馬（500日元）各有特色，總有一款會適合的。

神戶協奏曲
帶你享受迷人旅程

文：明士心

　　請別誤會，神戶協奏曲非要說一首美妙的樂曲，而是說一段浪漫醉人的海上旅程。這旅程由神戶的「協奏曲號」（Concerto）開始，搭配佳餚與夜景，可真是(景)色不迷人，人亦自迷。

　　船票是早已訂購好，開船的時間有多個時段選擇，既然選擇了浪漫，必定要在黃昏前出發，欣賞一下落霞之美，回船時亦可以觀看璀璨夜景。

　　出發前，先抵達神戶海邊，逛一逛購物廣場 MOSAIC。走近這碼頭，率先被神戶的海邊美景迷住，遠眺神戶港塔、神戶海洋博物館，對岸還有美利堅東方酒店，建築頗有歐陸風格。遊人可以到神戶摩天輪，居高臨下，全景一覽無遺，漫步海旁實在心曠神怡。驚喜的是，這裏有機會看到日本自衛隊的潛水艇，真的機會難逢啊！

　　光是 MOSAIC 已經非常好逛，商店和餐廳應有盡有。當然，此行目的是遊船，這些就變得不再重要了。開船前，先到船公司的客務中

心登記，然後準備登船，心情是未出發、已興奮。

因為登船後將會在船上用餐，所以在購買船票時要選擇用哪一種餐點。餐點分成兩大類，分別是法國餐及鐵板燒，各有各特色，這次選擇了鐵板燒。不過，無論選擇哪一種餐點，也有收費不同的幾個套餐供遊客選擇。想著除了可以一嚐神戶牛之外，還可以在座前見識大廚的精湛技藝，也是一種特別的體驗。

登船後，船員(或稱服務生)會負責帶位，一邊看著窗外的風景，一邊帶著期待的心情等待出發。時間到了，協奏曲號緩緩往前，夕陽斜照在摩天輪上，亮起燈的 MOSAIC 廣場，還有神戶港塔像武士般立正，途中會見到造船廠、和田岬、神戶機場、明石海峽大橋等，景致令人陶醉，難用筆墨形容。

不久，服務生端來一杯飲料，這時候大廚開始烹調食材。隨著前菜、日式蔬果等上菜後，「男二」龍蝦也來了，看著大廚將龍蝦剝殼煮熟，技術已到爐火純青，迄今仍歷歷在目。之後，「男一」出場了--神戶牛。

　　為每個客人煎製牛排前，大廚會先詢問需要的熟度，更會問問大家要不要拿手機出來打卡留念。烹煮過程中，在牛排上灑上酒後，火焰直衝天光板，濃濃的肉香味四散，原來烹調也可以一種藝術。大廚把牛排端到桌前，再把五分熟的神戶牛放進嘴巴裏，味蕾受刺激後直奔大腦，那味道難以忘懷，彷彿到今天仍然留在口中。

　　餐點用畢，航程已開始回航，這時候走在船的頂部，便可看著神戶港口漸漸靠近。一眼看去，燈火通明，夜幕低垂後的景色又是另一番滋味。船停好後，乘客們陸續登岸，這段「協奏曲」圓滿拉下帷幕。

難忘的直升機體驗

文：明士心

　　人過半百，乘坐了多少次飛機已經數之不清，但直升機一直只是遠觀，卻沒能坐過一次。現今社會，只要願意付錢，體驗坐直升機一點都不難，對生於香港的我們來說，從香港到澳門便可嘗試一下，但費用達數千港元，比起香港來回台北的商務艙費用還要貴，筆者一直覺得實在划不來，始終沒有成行（去年香港半島酒店因應疫情而推出直升機體驗）。

　　偶然之下，發現了東京原來有直升機觀光的行程，大約十五分鐘，圍繞東京市內一圈，只需六千多日元而已，完全不用考慮甚麼，馬上在東京的旅程中訂購直升機票。

　　出發前，直升機公司已表示若天氣不好，遇上小雨，便會停飛，故只能望天打卦，寄望出發當天東京的天氣一定要好啊！除了希望旅程能順利之外，還希望從另一角度欣賞到東京之美。

　　皇天不負有心人，旅程當天，天朗氣清，我準時出發抵達浦安直升機場，並在侯機室確

認過機票及證件後，休息一下，喝杯飲料，然後靜待起飛時間來臨。

我們乘坐的是下午五點起飛的航班，大概四點半左右，便通知我們可以步往停機坪。進入停機坪範圍前，工作人員需要進行安檢，把金屬物品全部留在儲物櫃。溫馨提示，整趟航程要繫好安全帶、機長不能拍攝……等等。

聽過詳細的講解，我們跟著職員步往停機坪，終於看到直升機了。起飛一刻，聽見直升機嗒嗒嗒嗒嗒的螺旋槳聲音，感受到起飛時颳起的強大氣流，一種莫名興奮隨之湧上心頭。直升機慢慢向上，腳下的建築物逐漸變小，首先映入眼簾的是東京迪士尼海洋，然後看到我們下榻的東京灣希爾頓酒店。

直升機往東京市中心方向前進，天際翱翔，讓乘客鳥瞰全市美景，高樓林立，除了某些著名建築物之外，其實也分不清楚那裏是那裏。日本機師沿途無間斷講解各個景點，惟筆者日語是「有限公司」，基本上沒能理解，只認得飛過東京鐵塔、晴空塔、東京巨蛋。

　　然而，單是看著東京落霞，金黃色的大地，配上空中場景，足以留下一輩子難忘的印記。飛行之旅約十五分鐘，繞了市中心一個圈，然後回到浦安直升機場降落。下機後，職員非常熱情，原本不能拍照的停機坪，也破例讓我們跟直升機合照，甚至幫忙拿攝影機，絕對是意料之外。

　　坐直升機像極了愛情，不在乎天長地久，只在乎曾經坐過，行程時間不長，但一定回味無窮，將來有機會的話，還想再參加一次。

今治足球行見聞錄

文：明士心

足球硬件可以大灑金錢買回來，美輪美奐的球場，高科技的數據分析，高資歷的教練，但足球文化卻是千金難買，日本國腳香川真司說過：「任何國家發展足球，都需要從心開始。」眼界決定境界，筆者此行，腦洞大開，見識大增，也深深佩服日本深厚紮實的足球文化！

青少年足球賽事 Bari Cup（今治盃）2016年是第二屆舉辦，分為四個不同級別賽事，包括 U10、U12、U13、U15，而這次有台灣少年隊代表參加的賽事，則是 Bari Cup U12 的比賽。Bari Cup 的發起人是日本球隊 FC 今治的代表人物岡田武史，同時擔任賽事的大會委員長，出心出力，59 歲的岡田是前日本國家隊總教練，曾執教橫濱水手和中超的杭州綠城。並在日本四國今治市的桜井海浜ふれあい広場サッカー一場球場舉行。

說回 Bari Cup U12 級別的賽事，共有二十支球隊參與，單是日本代表就佔了十七隊，另外三隊來自台灣、韓國及中國。賽事為期兩天，首日進行為小組賽，二十支球隊分成四個

小組，每組五支球隊，進行單循環對賽，並按照日本足協的規則進行。每場比賽進行 30 分鐘，亦即上、下半場交鋒 15 分鐘。

每支球隊進行四場比賽後，積分愈多，排名愈高，按照排名然後進行複賽，排名第三、四及五的球隊，留在各自的小組上演複賽，而小組首名和次名的球隊就則進行雙淘汰制，決定最後冠軍誰屬。經過首日的小組賽後，台灣代表的北埔國小表現神勇，取得 A 組首名，晉級八強。八強硬碰是日本的 MSS 隊，乘勝追擊，再以 2:0 淨勝晉級。

台灣挫中國代表得季軍

北埔國小技術不遜於日本小孩,充滿鬥志,四強遇上來自韓國的強敵城南中央。城南中央無論身材、技術都相當出色，各隊員均表現出無比的決心，加上連場硬仗之後，體能有所下滑，結果以 0:2 落敗，但也能在季軍戰拾回安慰獎，以 1:0 小勝中國代表杭州綠城，在場觀戰的筆者也為之感動，興奮莫名。

　　王者之戰是日韓之爭，日本代表丸龜 FC 大戰城南中央。從整場比賽的形勢來看，城南中央佔得上風，但賽果卻是出人意表，令在場人士大跌眼鏡。丸龜 FC 把握一次突擊良機，一針見血，小勝 1:0 勇奪冠軍，延續了夏天歐國盃以防守反為主導的節奏。賽後進行的頒獎典禮，過程簡約，卻不失氣氛和尊重，而且各支參與複賽的球隊一起大合照，場面溫馨，笑聲迴盪。

　　儘管這只是一項非全國性的青少年賽事，但經過 48 小時的深刻體會，筆者感觸良多，看來兩岸三地在足球文化方面，與日本仍存巨大的差距。試想想，位於今治市的 FC 今治目前僅在四國地方聯賽打滾，距離 J3 也有一段距離（2021 年曰：現在的 FC 今治已在 J3 了！但已得到當地人全力支持，連計程車上都可以看到 Bari Cup 賽程表，一切從用家的角度出發。更令人意料不到的是，地方電視台會進行全程拍攝，這是對比賽的尊重，也對參與小朋友的一種鼓舞。

這次 Bari Cup 複賽所舉辦的場地為：井海浜ふれあい広場，且位置偏遠，球場的硬件配套自然不能與日本 J1 勁旅相提並論，殊不知聞名不如見面，筆者也大為吃驚。球場是如此漂亮，綠悠悠的人造草皮，置身其中，心曠神怡，不僅設有更衣室及洗手間，旁邊還有可游泳的海灘，莫說小孩子，就連成年人在這裡踢球，也必然人生一大樂事。放心，有圖有真相，你們自己看看附圖吧！

父母身教薪火相傳

　　午餐時，大會提供了日式便當及飲料給所有參賽球隊，絕不馬虎，安排得整整齊齊，每一支球隊的便當都放在一個塑膠盒內，整潔乾淨，然後再由工作人員派發給各隊伍。這一趟行程我們與北埔國小一起下榻於當地一家溫泉飯店，除了台灣代表外，韓國、中國及部份日本球隊都入住這裡，因此，我們在吃早餐的時間，有機會留意到來自不同地方的小孩子紀律和習慣。

　　別說筆者總是誇獎日本文化，即使台中日韓的小孩都是黑頭髮黃皮膚，但當你去過日本旅行，也會很容易分辨到哪些是日本小孩。上樑不正下樑歪，日本文化自小已對紀律的要求相當嚴格，一絲不苟，小球員在比賽開始前，必須先打掃現場，保持整潔；當他們遇到素未謀面的陌生人，也是彬彬有禮，猶記得筆者當時站在出入口處，看著日本各隊進場時，小球員都逐一跟筆者打招呼。

　　文化需要承先啟後，薪火相傳，部份小孩會帶著母親所造的便當到場，一些家長也會準備自己的便當，他們用膳之後，家長們會在現場清洗乾淨，一如我們在日劇看到的紀律性，畢竟這就是身教的一部份，小孩子全都看在眼內。不得不提，到場支持小孩的日本家長，個個都以身作則，從不走到場邊「奪命狂呼」，或者扮作教練般比手劃腳命令自己的小孩，更不會像我國一些野蠻家長兇神惡煞，總想企圖對判裁和敵方施襲。

日本家長只是默默在球場邊支持小孩，每當小孩有份上陣時，才會拿起攝影機或照相機拍下來，記錄下每一刻成長的瞬間。家長是小孩的引路明燈，但不能越俎代庖去探索前路和尋找答案，所有經歷都是屬於他們的青春印記，正如這班足球小將正在摸索生命的無限可能。這些都是我們台灣的家長們要學習的事情，總括來說，要學習的不只是小孩子，家長同樣也要活到老、學到老。

愛火車，更愛火車博物館

文：明士心

　　很多男生都愛車，但我從小到大唯獨喜歡火車，或許這就是不解緣。記得小時候與家人坐火車到中國，由尖沙嘴站登車，然後前往羅湖，心情興奮莫名。

　　過關後，我們一家人再由深圳轉火車到廣州，但在廣州的火車又與香港的截然不同，分為硬座車、軟座車，更設有餐車，趣味盎然。

　　青年時代，獨遊中國，火車是基本的交通工具，雖然部份行程頗為艱苦，但不失坐火車的樂趣。因此，我一直很渴望能到歐洲、日本等國家見識一下各國的鐵路。

　　轉眼數十年過去，歐洲之行始終未能成事，反倒在日本嘗試過幾次鐵路之旅，包括感受最深的新幹線列車。日本除了動態的鐵路遊外，靜態的鐵路博物館同樣令人流連忘返，數到最難忘的實非「京都鐵道博物館」莫屬。

　　這個博物館於 2016 年 4 月 29 日開幕，館內詳盡展示日本鐵路發展歷史，以及各種列車的大型展品，進場前已經在博物館外欣賞到

梅小路公園的車頭連車廂，就如迎接賓客進場一樣。

博物館內首先映入眼廉的，就是大量的火車頭及車廂，由蒸氣火車開始，至舊式柴油火車，再到電動車以至子彈火車，真是款式俱全，應有盡有，室外擺放了一個扇形車庫，絕對滿足到火車迷的所有要求。

新幹線列車具有劃時代的歷史意義，第一代車廂(0 系列車)的整個車頭就擺放在現場，子彈頭加上藍白色車身，就如在無數日本影片及動畫所看到的模樣，何等親切！

曾幾何時，多麼的渴望可以坐一下這款列車，可惜那些年，我們要到日本並不簡單，除了機票昂貴外，當年日本的消費絕非普通人家消費得起。人大了，有機會到日本旅遊，子彈火車已將近退役，尚在服役的路線寥寥無幾，終歸沒能重溫當年情懷！

現在，人們可以在京都鐵道博物館一償所願，零距離接觸零系列車，美中不足的是，車

廂沒有開放，遊人沒能走進入「坐」一下！觀察所得，眾多車廂還是有部份會開放入內參觀，而博物館帶有承先啟後的作用，既有舊式火車，同樣展示了新式列車。新式火車頭線條別具型格，設計優美，看得出座位愈來愈舒適。

扇形車庫主要是放著各種蒸氣火車頭，數量多達十幾個，場面壯觀，火車迷一定會份外震撼。場館內的二三樓還有很多互動遊戲，適合小孩子來參觀、遊玩，對於中年漢而言，在旁觀看也會覺得有趣。

館內有不少模型講述列車的運作、城市建設，組成一個小型鐵路圈，內容令人目不暇給。最後一提，小賣店會售賣各類精品及火車模型，火車迷通常會「投降」，放下一些鈔票，換來戰利品帶回家！

令人透不過氣的博物館

文：明士心

　　想要真正了解一個地方的歷史文化，逛博物館是不可或缺的行程，從不同展品和介紹中，深入認識當地的風土人情和獨有故事，其中印象最深的日本博物館，必定是東京千代田區的明治大學刑事博物館。

　　明治大學本身是日本傳統名校，建校理念為「權利自由、獨立自治」，大學正門完全不像一般大學，建築新穎，感覺活像一座新建成商業大廈。博物館前身是建於 1929 年的刑事博物館、建於 1951 年的商品陳列館，以及建於 1952 年的考古學陳列館，直至 2004 年當局把三個博物館合而為一，再分為刑事部門、商品部門、考古部門，但我看見「明治」，腦海就聯想到明治維新及明治冰淇淋，也許當時肚子有點餓。

　　博物館是日本私人大學博物館當中歷史最悠久的，展示廳分為大學史、商品史、考古及刑事類。看過大學史及各種展品後，來到重頭戲的刑事類，亦即日本的罪與罰，這種特別的

展覽，目的無非是希望大眾通過過去事物，理解要如何尊重生命。

展廳內陳列的主要是江戶時代的刑具和用具，包括很多日本古時法律書籍，而首先進入眼簾的刑具就是當時警察用來抓捕犯人的器具，像很長的竹筒加個圈套脖子，似乎中國也有，平常看中國古裝電視劇都出現過。

至於號稱「江戶捕快三工具」的突棒（つくぼう）、刺又（さすまた）及袖搦（そでがらみ），都是用來讓犯人固定，不能逃跑為主要目的，前者有刀有刺，被插中都會受傷，深感心寒。

猶記得一張圖比較特別，一名犯人似乎被竹枝圍著，然後同時被三種工具刺向他，圖上有七八支插到人身上，心忖一支都受不了，還要用七八支？恐怕工具不僅是防止嫌疑犯逃跑，根本是要「奪命」，畫面真令人震驚！

接下來更恐怖的拷問部份，各種各樣、意想不到的方式，正是嚴刑逼供，要多恐怖有多

恐怖。在日本電影看過的「石抱責」，是要犯人跪在並排多個三角形的板子上，再在其腿上放上巨石，從而令脛骨會受到極大壓力，痛苦不堪。

還有用高架子反綁方式吊起來，這裏只有木架，當然不可能有真人模型，但附上了一張圖片。另外，砍頭、火刑、紋刑或遊街等刑法，看來是「全球流通」，簡單看看就算。

博物館除了日本刑具外，還有歐洲的斷頭台等，而最令人惶恐不安的非「鋼鐵處女」莫屬。它是一個鋼鐵人形盒子，內有尖刺，把人放進去關上，身體會被所有刺插入，隨即流血至死…想一想都雞皮疙瘩。參觀結束，有一種難以呼吸的感覺，難以想像江戶時代之前、沒有人權年代的生活是怎樣的。幸好，我們生活在這個民主時代。

白峯神宮
日本運動員必到的朝拜地

文：明士心

　　日本神社眾多，但是你有聽過關於京都的運動神社—白峯神宮嗎？這家神社以保佑運動競賽成績聞名，甚至連大名鼎鼎的日本足球選手本田圭佑都有前來參拜，一起來聽聽它的故事吧。

　　白峯神宮舊名白峯宮，建於西元 1868 年，即是明治元年，祭祀在流放之地離世的崇德天皇及淳仁天皇。白峯神宮的社地是飛鳥井家的宅邸跡地，他們在平安時代已經參加踢蹴鞠活動，地主社的精大明神是蹴鞠守護神，因此來到現代，此地就被視為足球等各種球技及運動的守護神。

　　由於白峯神宮的靈驗程度非同凡響，全日本的學生運動社團甚至將此地認定為必要的參拜地點，祈求自己的校隊在比賽中旗開得勝。不少學生球員也會拿著足球前來朝拜，寓意祈求自己球技精進，他日可以加入職業足球員的行列。本田圭佑在學生時代，曾經前來此地參拜祈願。除了學界體育隊伍，不少職業隊伍及運動明星都會前來參拜，神社工作人員也會把相關的剪報留起，然後貼在神社一角，證明這

裡的靈驗程度非凡。甚至連動漫名作《足球小將》的作者高橋陽一都有簽名及畫作足球擺放此地，成為另類景點。

　　除了有神社繪馬讓大家寫下自己的心願之外，白峯神宮最大的特點是名為「鬥魂守」的御守，這是全日本唯一擁有這個名號御守之地，保祐選手可以集中精神應付比賽，難怪吸引這麼多運動人才前來。白峯神宮另有兩個有趣的景點，一個地方是放置一堆球類讓大家參拜，包括足球、籃球、排球、手球、棒球，成為別開生面的朝拜之地。另一個是蹴鞠之碑，這個碑是明治天皇時期設立，這個碑上面還弄了一個球存在，實際上這個球還可以轉動，據說轉動一周之後，球技能提升呢！

　　白峯神宮其實分為三個神社，首先是地主社，它是供奉精大明神，主要祈求球技、運動精進、柊大明神祈求除厄延壽，今宮大神祈求無病息災，白峯天神祈求學業成就。其次，是伴緒社，供奉弓道・武道的神明－源為義、源為朝，在每年 11 月 15 日伴緒社祭時，會有御弓神事，所以會有很多弓道、劍道等等相關武

道人員前來。第三，是潛龍社，它供奉著潛龍
大神（龍神）。在鳥居旁的手水舍，是潛龍井的
井水，水從龍嘴裡湧出，據說井水非常靈驗，
可以斷惡緣祈良緣、災難除、病氣痊癒、事業
昌隆等。

　　值得一提的情況，是在每年 4 月 14 日的
春季例大祭 - 淳仁天皇祭，及 7 月 7 日的精大
明神例祭都有蹴鞠奉納。這些時候，會有穿著
平安時代衣服的人在鞠庭踢蹴鞠，在蹴鞠奉納
之後，一般民眾也能參與活動，有興趣的人就
記得屆時前來了。

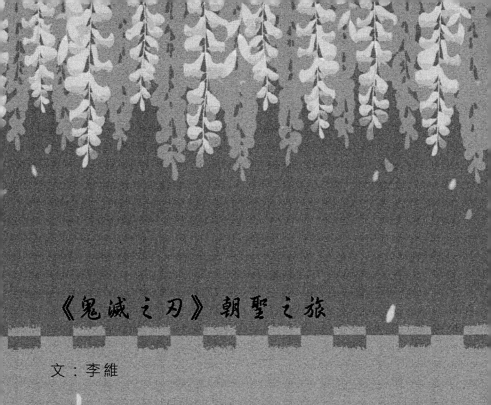

《鬼滅之刃》朝聖之旅

文：李維

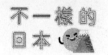
　　日本動漫作品《鬼滅之刃》在 2020 年推出電影版本《鬼滅之刃無限列車篇》，旋即掀起熱潮，票房直逼 300 億日圓快要超越第一位的《千與千尋》。與此同時，影迷發現了日本各地的《鬼滅之刃》朝聖景點，現精選五大景點，隨時成為未來旅遊勝地。

一，福岡寶滿宮竈門神社

　　《鬼滅之刃》未有提到竈門神社，然而主角炭治郎及襧豆子的姓氏正是竈門，加上漫畫作者吾峠呼世晴正是福岡出生，因此許多動漫迷都認定這座神社和主角有關。這間神社擁有 1350 多年歷史，是出名的戀愛結緣神社，甚至不少當地人在此舉辦婚禮。《鬼滅之刃》大紅之後，神社掛滿《鬼滅之刃》繪馬吸引遊人，認真有生意頭腦。

二，福島縣蘆之牧溫泉旅館「大川莊」

　　動漫中的無限城令人覺得非常有趣，位於福島縣的老字號溫泉旅館「大川莊」可以說是現實版的無限城，大廳浮動舞台不禁令人想起

動漫中的場景。這間溫泉旅館在 1954 年開業，館內裝潢別緻，每晚都會有三弦琴演出，充滿幽雅古風。

三，足利花卉公園

每年 4 至 5 月，栃木縣的足利花卉公園都會開滿紫藤花，夢幻景致同炭治郎在藤襲山參加鬼殺隊選拔賽所見的花海一模一樣。這裡種植著樹齡約 150 年的紫色大藤，另有約 350 株紫藤，以及由黃藤和白藤所組成的花卉隧道，難怪在 2014 年曾被美國 CNN 評選為 10 大夢幻景點。

四，一刀石

一刀石位於奈良的天石立神社，天石立神社位處有「劍聖之鄉」之稱的柳生町，相傳新陰派傳人柳生石舟齋遇見天狗時，因劍術超群把巨石劈成了兩半。《鬼滅之刃》爆紅後，這塊一刀岩因為酷似炭治郎為了參加鬼殺隊決選所劈開的巨石，經過網路相傳之後成為聖地，現在每天都有人去現場 cosplay 劈石。

五·京都鐵道博物館

　　無限列車何在？遊人大可以到位於 JR 京都站附近的京都鐵道博物館一遊，保證不會失望。館內收藏許多蒸汽火車頭與新幹線等列車、舊時的車站與月台，與動畫場景非常相似，吸引了許多《鬼滅》迷造訪。

鬼滅之刃單天保至尊

文：李維

　　2020 年最紅的日本動漫作品是什麼？答案就是《鬼滅之刃》。不單止是電影版本《鬼滅之刃無限列車篇》票房勁爆，連帶周邊商品合作都大紅大紫。到底《鬼滅之刃》魅力何在，為業界帶來幾多收益？

　　翻查資料，截至 12 月 13 日為止，已經有 2253 萬 9385 人前往日本戲院欣賞《鬼滅之刃無限列車篇》，票房累積達到 302 億 8930 萬 7700 日圓，大有機會超越日本影史票房冠軍《千與千尋》。事實上，《鬼滅之刃》本身是由 2016 年的漫畫作品開始，當時 3 年累積銷售約 350 萬冊，雖然是受歡迎作品，但和其他大作例如《ONE PIECE》、《BLEACH》等相比仍是有差距。

　　真正讓《鬼滅之刃》爆紅的原因，是源自 2019 年 4 月動畫版推出，自此之後這套作品在網友之間口耳相傳累積口碑，網路搜尋量 1 年內激增 100 倍，連帶漫畫銷量都激增 29 倍，一口氣成為近兩年最紅作品。由於《鬼滅》動畫是由電視與亞馬遜 Prime、Netflix 等串流平

台同時推出，符合網路世代極速傳播的特質，輾轉間在亞洲成為大熱作品。

　　早前筆者入戲院欣賞《鬼滅之刃無限列車篇》，再將它和 2018 年的電影《七龍珠超：布羅利》互相比較，發覺《鬼滅》的畫質、音效與《龍珠》相比是有過之而無不及，主角炭治郎和炎柱煉獄杏壽郎揮刀斬鬼的帥氣身型在大銀幕上觀看格外迷人。當然，兩套作品的故事內容各有千秋，但如果論畫面表達的壓逼力而言，《鬼滅》可以說是今個世代綜合戰鬥力最高的動漫影視作品。

　　今年日本深受疫情所累，然而《鬼滅之刃無限列車篇》卻令不少行業的收入激增。最直接當然是出版社集英社，最新年度財報顯示，在 2019 年 6 月至 2020 年 5 月底，總體營收 1529 億日圓，較上一年度成長 14.7%，淨利 209 億日圓，是上一年度的 2 倍以上，這個效果正是《鬼滅》帶動其他作品而來。至於電影發行商東寶在《鬼滅》推出之後，宣布修正年度淨利預估，從 50 億日圓提高至 90 億日圓，

正是《鬼滅之刃》單天保至尊而來。再多提一個例子，就是日本迴轉壽司品牌藏壽司，他們提出吃壽司送《鬼滅》周邊商品的宣傳策略，活動一出即帶動當月營收超過去年同期 100%，祖孫三代食壽司換贈品的畫面比比皆是。《鬼滅》帶來的商機無限，甚至令它成為《日經 Trendy》頒布的「2020 年話題商品」第一的寶座。

《鬼滅》由 2016 年 2 月 15 日連載，直至 2020 年 5 月 18 日完結，作者吾峠呼世晴至今仍未有人知道他/她的真正身份，相當神秘。日媒估計此套作品的版稅及 IP 授權等，可望為作者帶來 20 億日圓以上的收入。與其他作者相比，吾峠呼世晴斷言作品結局後不會再畫下去，與長篇作品但未見終點的《ONE PIECE》而言來得更灑脫。不過，業界仍然需要《鬼滅》動畫及相關產品繼續推出吸金，PS4 在 2021 年會推出《鬼滅之刃 火之神血風譚》遊戲，讓鬼殺隊九柱全出動，機迷大可一邊打機一邊高呼「水之呼吸」，繼續和鬼殺隊一起行這場未完的銷金之旅。

日本國民女神新垣結衣

文：李維

　　日本網站《rankingoo》訪問超過 1.3 萬受訪者，票選 2020 年日本人的國民女神，結果新垣結衣拿下 1014 票成為冠軍，亞軍及季軍分別是綾瀨遙及濱邊美波。展望 2021 年，新垣結衣再度發力，先有日劇《逃避雖可恥但有用加油人類！新春 SP！！》放映，可望再將她的人氣推高。

　　這套話題人劇將在 2021 年 1 月 2 日播放，長達 2 小時 25 分鐘，主要內容是結衣在劇中主演的森山實栗宣布懷孕，與星野源主演的男主角平匡一起迎接父母新生活。新垣結衣當初正是在 2016 年主演《逃恥》一劇大紅大紫，坐穩日本一線女星地位之餘，更加風靡亞洲各地影迷。

　　《逃恥》一劇為何吸引人追看？除了新垣結衣及星野源演出入屋之外，靈魂人物其實是編劇野木亞紀子。《逃恥》借喜劇包裝，背後提及日本新一代尋找工作的困難，導致新垣結衣被逼以「假結婚、真僱傭」的身份成為星野源的女傭，再來就是穿插著姊弟戀、老闆與員工

戀愛、婚姻關係背後的權力分配及角色定位等議題。

在這個新世代中，男女關係及婚姻關係和以前有何不同？一個男人完全經濟上支撐起一頭家，這個維持多年的做法，是否未來幾十年都是如此？在糖衣花紙包裝之下，野木亞紀子提出不少問題，讓觀眾自行思考，這就是日劇有趣的地方。

最新一輯《逃恥》講述結衣和星野源成為父母，在這個紛亂的世代如何自處，如何營造一個溫暖的家，相信這是野木亞紀子會著墨的地方，也是和漫畫原著不同之處。

新垣結衣因為《逃恥》大紅大紫，但這套劇作某程度上成為她的窒礙，因為觀眾已經習慣了她甜美可愛的模樣，對於她另外的面貌似乎不太感興趣。為何這樣說？因為野木亞紀子在 2018 年編劇的《無法成為野獸的我們》正是以結衣為主角，展示她可愛以外的面貌，只是話題及評價卻遠不及《逃恥》，正是結衣因一劇定型的最佳註腳。

可能是因為太累，結衣在 2019 年休息了一整年沒有拍劇，但該年仍有 7 至 8 份廣告合約，日本傳媒估計她單是代言產品就賺足逾 4 億日元，難怪經理人公司 LesPros 娛樂可以放心讓這位王牌休息，讓她回氣之後再衝一段。2021 年的新垣結衣，值得期待。

山田孝之歸園田居

文：李維

　　無可否認，37 歲的山田孝之是一位才華洋
溢的藝人，行事往往難以令人預測。踏入 2021
年，他其中一件大事就是在春季開始遠離城市，
設立「原點回歸」公司（株式会社原点回帰）
種菜當農夫，終極目標是想尋找一個島嶼過自
給自足的生活。這樣聽起來，不就是古人陶淵
明的歸園田居嗎？

　　山田孝之自 1999 年出道，至今已經 20 多
年，如果是近年才留意他的人，可能是因為
Netflix 劇集《全裸監督》令他紅遍海外。遠一
點，可能是電視劇集《在世界中心呼喚愛》與
綾瀬遙合作、《勇者義彥和魔王之城》的搞怪趣
劇，電影《電車男》、《新解釋三國志》、《殺戮
都市》，基本上由 1999 年至 2020 年，這二十
一年間他每年都有不同的影視作品面世，還未
計算他在音樂作品及寫書方面的工作，令他成
為在日本長期處於一線的七年級藝人。

　　但是，看過不少訪問，山田孝之都說自己
是非常低調的人，以往一大段時間不習慣在電
視上發言及表演，從小屬於性格纖細敏感及消

極內向的人。偏偏這樣感受力強的人，才可以在銀幕上爆發出多變的演技和內心戲，如果你看過他在《全裸監督》一戲扮演主角村西透的表演，就會感受到這個人經歲月沉澱後演技越發爐火純青，看這樣的藝人演戲實在是一種享受。

所謂演技，其實就是體驗生活滋味後，再消化自身經歷，然後將它演繹出來給予觀眾吸收的事情。觀眾看了好戲好演員，在吸收他們的想法後調整個人價值觀，然後在人生不同時候作出不同的決定。以山田孝之的狀況，就是一個演戲演了二十年以上的人感到疲憊，於是跑去大自然吸收靈氣的故事。今年春天起，山田孝之前往富士川町平林耕種，事先還請教了不少農業專家，務求讓個人的農夫生活基礎更牢固。

山田孝之說，自己自 15 歲開始一直擔任演員，除了演戲以外什麼都不知道。因此，他想利用這次疫情為契機，減省自己的工作量，花時間學習更多事物，包括從零開始學習種菜，

改變現有生活方式。不要以為這位奇人只是三分鐘熱度，他設立了「原點回歸」公司，最終目標是尋找島嶼當島主，想過著 100%自給自足的生活。為此，他更加在網絡上公開招募會員，對漁農業、林業、藝術有興趣的人，都可以嘗試加入他的團隊。最終目標，是要大家在遠離城市的地方生活，回到原點，享受農耕、藝術及音樂。

　　這樣遠離繁華世界的生活看似很出世，但走到大自然面對天地其實是入世，穿梭於兩者之間，山田孝之是想借此為個人充電，調整過後演出更有爆炸力的作品嗎？《全裸監督 2》將在今年面世，到底山田孝之會帶來怎樣的新驚喜，還有 47 歲影后宮澤理惠參加，單是話題已經令人十分期待了。

新垣结衣因《逃耻》新篇
再度人氣急升

文：李維

　　望穿秋水等足 4 年，由日本女星新垣結衣
主演的劇集在 2021 年推出新一章，名為《逃
避雖可恥但有用加油人類！新春 SP！！》，全
長兩小時多的劇情令到支持者非常滿足，《逃恥》
及「戀愛舞」在播出後打上社交網熱搜榜，「戀
愛舞」更成為世界熱搜榜冠軍，令到結衣人氣
再急升。

　　這次續集劇情承接 2016 年底的故事，新
垣結衣和星野源終於成為真正夫妻，這集更是
講述二人成為父母，在懷孕到生產時手忙腳亂
的過程。故事發展下去，承接王牌編劇野木亞
紀子的思路，將一眾社會議題巧妙地安排在角
色身上，例如日本的生育率低、職場對待懷孕
產假以及辦公室人事關係等問題。當然，這集
和漫畫原著最大不同之處，是加入了疫情對於
日本社會的影響，甚至戲中有電視新聞報道新
型肺炎首先是在武漢爆發，回應真實社會情況。

　　戲中除了講述星野源初為人父不懂表達感
受，令到敏感多心的結衣感覺不安之外，戲末
一段更是講到女孩出生之後，星野源為了避免

baby 受到感染將結衣及嬰孩送回女方娘家生活，令一家三口被逼短暫分離受盡相思之苦。高潮位是星野源去到女方娘家放下新買電腦方便二人溝通，但是又不敢相見怕自己會身帶病毒感染妻女，結衣於是追到大橋上和星野源隔岸用電話溝通，並且帶出「只要生存就總有一天見面，人類努力等待那天吧」的訊息，在疫情困擾世人的一年為大家帶來一絲暖意。

片末播出主題曲時，星野源與結衣及其他角色一起大跳「戀愛舞」，這次除了舞步有更新之外，更加插了一家三口的畫面，瞬即令到這個片段成為社交網熱搜榜關鍵，甚至「戀愛舞」一度成為世界熱搜榜冠軍。星野源更加把「一家三口」相片上載互聯網，網民紛紛留言希望二人戲假情真，繼韓劇《愛的逼降》玄彬及孫藝珍之後再次出現金童玉女配。

新垣結衣因為《逃恥》新篇再度人氣急升，加上近期新推出的 Switch 廣告熱播，新一年先聲奪人，據說她今年內定會為 TBS 拍攝 10 月新劇，令到支持者不用害怕再等兩年才可以

觀看結衣的演出。然而，今年 6 月踏入 33 歲的結衣形容自己真實生活非常戀家，是不折不扣的宅女，與五光十色的娛樂圈其實有極大反差。她自己曾經在訪問時抱怨過工作太累，感覺似是木偶般任人擺佈，令到自信越來越少，相信這正是她對上兩年拒絕拍劇的真實原因。誠如戲名一樣，逃避雖可恥但有用，希望結衣逃避現實兩年沉澱過後重新出發，找到更好的心態工作，不要貿然息影令影迷心碎。

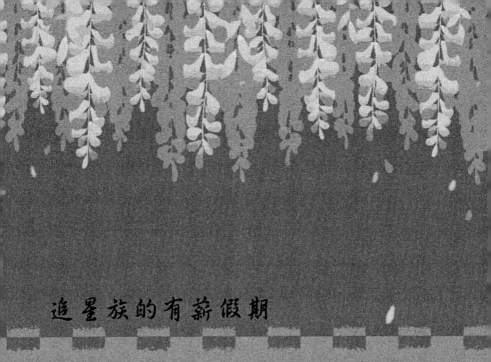

追星族的有薪假期

文：李維

記住這個名字，鶴見至善。這位日本公司老闆為了追星族員工制訂一系列政策，包括偶像宣布婚訊，員工可獲得 10 天有薪假，可以說是相當佛心。原因是這位老闆都是追星族，同類之間才會互相了解。

那麼，鶴見至善旗下的公司 HIRORO 到底有何德政？

一，員工最喜歡的偶像宣布婚訊，可給 10 天有薪假，宣布「退團」，也可放 10 天有薪假，視傷心程度還可跟公司追加請假，薪水照領。如果是第二、第三喜歡的偶像「退團」，則可請 3 天有薪假期。

二，員工需要參加偶像的演唱會等活動，可以提前一星期申請早退或休假。如果偶像臨時舉辦演唱會，員工可以當天申請早退。

三，公司會定期津貼員工 5000 日圓，購買「本命」偶像產品和演唱會門票。如果需要到較遠地方看演唱會，公司會津貼車馬費，包括國內 5000 日圓，海外遊更有 1 萬圓津貼。

　　四，公司終極特別福利。只要員工參加村田寬奈的任何活動，將會全數資助，而且隨時可以請假！

　　為何做得這樣徹底？聰明的你應該猜得到，原因是鶴見至善本身為日本女子團體 9nine 成員村田寬奈的粉絲，就連自己的公司名都以對方暱稱命名。鶴見君早前把有關公司有薪假新制度分享到社交平台 Twitter 上，馬上引發廣大網民討論，及後更加登上電視台節目接受訪問。

　　記住這家公司，HIRORO，主要承辦業務是廣告與音樂錄影帶。老闆鶴見至善說明，因為他過去經歷過幾次偶像團體成員退團、畢業、全團解散，嚴重打擊導致他沒法工作，所以他認為偶像有事時，員工是必定要休假。

　　這項制度，就名為「為了重要的人而盡全力工作」，一下子令到 HIRORO 這家公司成為網絡熱搜。看來鶴見君除了是追星族，還是一位打廣告能手呢！走筆至此，忽然想起偶像長澤雅美及新垣結衣，如果有一天兩位美人明星

息影甚至嫁人，公司老闆又會否為我們這班傷心人安排幾日假期呢？

看過這篇分享，你會想到這家公司上班，成為鶴見至善的員工嗎？當然了，如此另類的老闆，這世上實際非常罕見，這才有這篇文章啊！

在日本坐便車的經歷

文：李維

　　在二十多年前日本有一個節目名為《前進
・電波少年》(進ぬ！電波少年)，其中一個主
題是一名香港男生與一名日本男生一起從南非
「窮遊」到挪威，由於節目規定他們只能透過
在當地打工等方法獲得延續旅程。為了節省開
支，當這兩名男生需要乘坐交通工具穿州過省
時，便在公路上向路過的車輛揮手，希望能坐
到便車向目的地前進，相信當年有看過這節目
的觀眾對這些片段仍然記憶猶新。我在數年前
的日本之旅，也意外地遇上便車之旅，令我頓
時覺得自己也變成「電波中年」。

　　話說數年前新海誠執導的動畫電影《你的
名字。》紅遍整個東亞地區，令影片中的多個
「取景」地點也成為旅遊熱點，當中最受歡迎
的便是電影主要場景系守湖的原型，位於長野
縣的諏訪湖。如果要好像電影的主角般從高處
觀賞整個諏訪湖，最理想的位置是登上海拔接
近 1,000 米，位於諏訪市的立石公園。由於在
立石公園可以看到諏訪湖和諏訪市的日與夜全
景，所以我特意挑選黃昏時份前往。當地的景

色確實跟電影描繪一樣的美,所以就算花點力氣把攝影器材搬上去拍攝美照也是值得。

不過對於沒有駕照或汽車的遊客來說,要到立石公園或許是有一點難度,因為當地是沒有公車可以前往立石公園,所以如果要上去的話就只能乘坐計程車,或是步行接近 25 分鐘的上坡路,對於體力沒那麼好的人來說是有點困難。不過對我這種「無車族」來說,上山並不困難,下山才是問題所在,因為在市內找計程車上山不是大問題,反而是山上根本沒有沒客人的計程車會經過,所以步行下山反而會更容易。

既然我可以步行下山,那麼為何還會出現後來坐便車的情節呢?原因是我希望可以省一點旅程時間,不選擇在諏訪市或長野縣其他地方留宿,在諏訪湖遊覽後當天便乘坐 JR 返回東京。由於我是在 7 月下旬盛夏之時到訪,為了要捕捉諏訪市的夜景,所以等到接近晚上 8 時才離開。從上諏訪駅到東京需時 2 小時許,所以 JR 末班列車在晚上 8 點半左右便開走。

在根本沒可能等到計程車之下，我只能跟時間競賽，希望走快一點可以趕及在末班車開出前到車站。不過那裡幾乎沒有街燈，而且我對路線也不熟悉，所以下山的路走得不太順利。於是我決定在走下山的同時，也留意著沿途會否有汽車經過可以讓我坐便車。結果走了 5 分鐘左右便遇上了好運來臨，我看見一輛汽車停下來，於是便硬著頭皮走上前敲門，幸好車主知道我沒有惡意，縱然他和同座的那位應該是他的太太都好像不太懂英文，也明白我的來意並沒有拒絕我的請求。就在他們的幫助之下，最終我也能趕及到車站乘坐末班車返回東京。雖然我不知道他們的名字，也應該很難再有機會碰面，不過也必須在此跟他們說聲謝謝。而且以往不少人都說日本人的有禮只是官樣的禮貌，內心是相當冷漠，不過經此一役後，我可以肯定的說願意真心向他人伸出援手的日本人還是存在的。

新垣結衣嫁星野源
日本戲假情真夫妻檔不少

文：李維

今年日本娛樂界最震撼的新聞，莫過於 32 歲的「國民老婆」新垣結衣宣佈與 40 歲男歌手星野源結婚，消息震驚全日本甚至全亞洲。事實上，日本娛樂圈歷年來都有不少金童玉女成為夫妻，包括山口百惠 1980 年下嫁著名演員三浦友和，同樣是轟動不已的新聞。

新垣結衣與星野源在 2016 年拍攝愛情喜劇《逃避雖可恥但有用》而結緣，當時已經傳出星野源有留意新垣結衣，甚至撰文讚賞她為人體貼細心。此後幾年曾經傳出雙方有緋聞，都是不了了之。然後，去年 10 月二人拍攝《逃恥》特別篇開始擦出愛火花，直到今年 5 月 19 日二人終於宣布要結婚，震驚日本甚至全亞洲的影迷。

演藝圈人士大讚新垣結衣和星野源私下很合拍，結衣喜歡約朋友回家喝酒相聚，朋友到她的家負責做菜，剛好星野源很喜歡做菜，二人之間有不少共通點。另一邊，外界找回結衣的擇偶條件，包括十大要求，分別是「一直對我感情不變」、「喜歡小孩」、「顧及別人感受」、

「我即使睡覺到任何時候也不會介意的人」、「性格溫柔」、「寵物也會喜歡的人」、「可以一同分享歡樂的人」、「可以在背後給予意見的人」、「要價值觀一致」、「能夠了解女性內心的人」等。

此外，有網友找到結衣 2014 年雜誌訪問中談及未來丈夫的展望，包括希望與對方能真誠對待，希望對方為每樣事情竭盡所能，對自己做的事感到自豪等。由於結衣本身吸金能力強，單是廣告酬勞一年已有 4 億日圓，難怪最近盛傳她拍罷 NHK 大河劇《鎌倉殿的 13 人》後便收爐，甚至 2023 年退出演藝界。

新垣結衣與星野源因為拍劇戲假情真，結果成為一對共諧連理。事實上，日本演藝圈多年來都有不少金童玉女檔。以下三對，可能大家對於他們的故事大家都是耳熟能詳。

1.山口百惠及三浦友和

要數日本人心目中娛樂圈的「理想夫妻」，絕對是山口百惠和三浦友和了。他們年少相遇，

山口百惠在 21 歲時嫁給三浦友和後就退出演藝圈，結婚 40 年仍然維持良好感情。那麼當初山口百惠為何會下嫁三浦友和？山口百惠說，因為三浦友和是她 21 年來遇到第一個值得她珍惜的人。山口百惠出身於破碎家庭，深深被三浦友和的溫暖關懷所吸引，於是乎拋棄五光十色的娛樂圈，就是最合理的選擇了。

2.唐澤壽明及山口智子

從 1988 年相戀、1995 年結婚到現在，唐澤壽明及山口智子仍然維持著深厚感情，而且山口智子堅決不要小朋友，一直過著二人世界的生活。當初唐澤壽明只是未出名的演員，山口智子已經成名，但智子因為自己發胖的身型及演技不好而自卑。唐澤壽明這樣安慰智子：「不管別的傢伙演技有多高超，都敵不過你的笑容。」就是這句話打動了智子，二人彼此鼓勵，視對方為靈魂伴侶。直到後來唐澤壽明因為《東京仙履奇緣》大紅，男方事業有成，二人終於結婚，然後智子拍攝完《悠長假期》後便慢慢淡出，直到近年才重歸幕前。

3.木村拓哉及工藤靜香

2000 年，木村拓哉正值全盛時期，卻在演唱會上宣布結婚，當時被媒體問到結婚對象是不是工藤靜香時，木村霸氣回應：「除了她以外還有誰？」這對金童玉女結婚以來一直都很低調，直到日前工藤靜香 50 歲生日，木村拓哉才在社交軟體上貼出兩人年輕時合照，簡單地寫下 happy birthday，但第一次公開放閃已經異常甜蜜。目前木村夫婦的女兒木村心美及木村光希都分別入行，兩位千金遺傳了父母的優良基因，言行舉止有品有禮，令人加倍欣賞木村兩夫婦教導有方。

數到這裡，大家都感受到幾對日本夫妻情侶檔的甜蜜。星野源這位男性大概是上輩子做了很多好事，今世可以和結衣成為夫妻，在此祝福二人相敬如賓，好好享受每個溫馨及相愛的時刻。

MIYASHITA PARK
澀谷橫丁美食全國制霸之旅

文：李維

　　如果你喜歡在台灣夜市穿梭享受各種美食，那麼來到日本旅遊時，便千萬不要錯過位於東京都渋谷区神宮前的「MIYASHITA PARK」—「渋谷橫丁」。這個去年 6 月登場的美食樂園原本是 24 小時運作，現在疫情影響之下大部份食店早上十一時營業、八時關門，但此地充滿日本各式佳餚，可以來一個另類的「美食全國制霸」之旅，值得遊人朝聖。

　　「橫丁」，日文原意為「小街道」，泛指隱藏著許多美食居酒屋的橫街狹窄，穿梭其中自有不同故事，感覺就是漫畫《深夜食堂》的味道。「渋谷橫丁」，正是復興日本古老的橫丁文化，地點是在 MIYASHITA PARK 的南街區 1 樓，長達 100 米、佔地約 1100 平方米的街道小店，集結 19 家不同餐廳，真正是應有盡有。由北海道、東北、關東、橫濱中華街、北陸、近畿、東海、中國、四國、九州、沖繩等當地特色料理，種類包括小吃、料理到日本酒、燒酒等各式美酒，只要前來橫掃一趟，足可以滿足口腹之慾。

　　無論你是想一試九州福岡的「腸鍋」、四國「火炙鰹魚生魚片」、抑或熱騰騰的「北海道味噌拉麵」、力士餐(相撲餐)，這裡絕對包羅萬有。在此特別推介東北食市、內有宮城仙台著名牛舌料理「燒牛舌」，還有北海道食市的「北海道海鮮 4 色丼」，海鮮多到滿瀉，保證令人回味。「澀谷橫丁」不單止有日本全國美食，而且食材由產地直送，真正讓食客享受食物美味及新鮮度，令遊人在此地可以實現另類的「美食全國制霸」。

　　此地另一大特色，是不時可以觀賞到各式表演，結合地方文化與娛樂活動。由起源自明治時代的日本傳統演歌、到夏季風物詩之一「盆舞」、又或者是象徵日本動漫「2.5 次元」的相關演出等，總有一些表演是符合遊客要求。如果想感受賓主盡歡的款待，也可以造訪由當地媽媽桑經營的卡拉 OK 小吃店。不過，由於疫情影響，現時大部份食店都是晚上八時關門。想感受這條橫丁 24 小時運作的不夜天風格，恐怕大家要再等一段時間了。

　　事實上，「澀谷橫丁」及 MIYASHITA PARK
是日本政府為了東京奧運而改建的新景點，將
原先為平民化公園的宮下公園，改建成一個包
括吃喝玩樂及住宿都齊全的地標，公園、商場、
酒店、餐廳一應俱全，成為嶄新旅遊區域。商
場部份，共有 90 間店舖進駐，包括全球首間
LOUIS VUITTON 的男裝旗艦店，以及主打年
輕人市場的潮牌 MOOSE KNUCKLES。除了美
食以外，這個新地標可以滿足遊人逛街購物的
慾望，下次來日本旅遊，不妨前來觀光一番吧。

日本綜藝節目《跟拍到你家》道盡悲歡離合

文：李維

　　日本電視節目千變萬化，總是不會令人失望。其中一套綜藝系列名為《跟拍到你家》家、ついて行ってイイですか？）由東京電視台製作，節目是由身兼攝影師的導演跟著錯過尾班車的人一起回家，然後隨意地和受訪者閒談分享人生故事，當中細節往往令人百感交集。

　　「本節目將會幫你支付計程車費，請問可以跟拍到你家嗎？」一段招牌台詞，直接道出日本話題綜藝節目《跟拍到你家》的方向，真正是以人為本的真人秀。錯過末班車的上班族、總是不紅的搞笑藝人、夜店小姐、無業嗜酒老人，背後故事可能溫情、可能傷感，總是引人深思。比較深印象的一集，是 25 歲的銀座炸串店店長、阿清，她在下班後願意接受節目組跟拍要求，回到她獨居的家。

　　阿清分享她的故事，原來她已經離家出走八年，因為不滿父親管教太過嚴格，大學時代離開就沒有再回去。阿清父親曾是國家航空自衛隊的飛行員，經常要因為工作關係搬家，令到阿清因為經常轉校而難以適應校園生活，總

是成為被欺凌的人。加上父親管教過份嚴厲，令到阿清喘不過氣，大學時代便大玩特玩深夜不回家，結果吵架多次後她便搬離家庭一個人生活。

只是，人在外頭才發現家庭的好，工作以後，阿清的心態慢慢變化，想到爸爸四十多年都在工作真的很了不起。阿清說：「一個人生活以後，才發現爸爸為我做的事真的很辛苦。之所以現在能成為店長，才覺得幸好有爸爸嚴格管教我。」試過很餓及很窮，明白一個人生活的不容易，阿清才真正懂得父親的苦心，去到節目播出的近兩個月，兩父女終於首次見面，而且交換 Line 軟件的帳號，每天都在聯絡，令到爸爸變得十分開心。由以往反抗爸爸，到現在發現爸爸可以成為自己的榜樣，甚至未來想和爸爸單獨旅行，這是阿清在社會歷練過後才明白到家人的可貴之處。

人生中的悲歡離合總是有理說不清。《跟拍到你家》由 2014 年拍攝直到現在仍未中斷，主持人也換了很多手，新一季去到 2021 年 3

月中暫時停止。不過，這並不代表節目就此中結，反而是東京電視台決定將它日劇化，今年8月開始播出以此為題材的劇集，由男星龍星涼扮演的節目導演一角，將帶大家以不同角度窺探他人生命中的喜怒哀樂。日劇第一集的劇情，將是由志田未來飾演獨自唱完KTV的湊久美子，訴說她在遇到節目導演後，在採訪中透露自己的同居人一年前失憶的憾事。

　　戲劇組透露，這部日劇的題材全是來自跟拍過的真實故事，同時補足了過去綜藝節目礙於時間而無法提及的細節，加深戲劇內容。戲劇組拍攝劇集的宗旨，就是想大家透過節目獲得力量，人生從此邁出新一步。聽到這裡，你是否也有興趣一看？若有興趣，不妨先上網找尋這個綜藝節目來欣賞吧。

國家圖書館出版品預行編目資料

不一樣的日本 / 明士心、和葉、李維　合著-初版-
臺中市：天空數位圖書　2021.11
面：14.8*21 公分
ISBN：978-986-5575-69-4（平裝）

731.3　　　　　　　　　　　　　　　110019033

書　　　名：不一樣的日本
發　行　人：蔡秀美
出　版　者：天空數位圖書有限公司
作　　　者：明士心、和葉、李維
編　　　審：晴灣有限公司
照　　　片：明士心、和葉
製作公司：智慧熊投資有限公司
美工設計：設計組
版面編輯：採編組
出版日期：2021 年 11 月（初版）
銀行名稱：合作金庫銀行南台中分行
銀行帳戶：天空數位圖書有限公司
銀行帳號：006-1070717811498
郵政帳戶：天空數位圖書有限公司
劃撥帳號：22670142
定　　　價：新台幣 390 元整
電子書發明專利第　I　306564　號

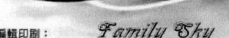

Family Sky

紙本書編輯印刷：
電子書編輯製作：
天空數位圖書公司　E-mail：familysky@familysky.com.tw　http://www.familysky.com.tw/
地址：40255台中市南區忠明南路787號30F國王大樓　Tel：04-22623893　Fax：04-22623863